ΣΕΙΡΑ: ΕΛΛΗΝΙΚΑ ΠΑΡΑΜΥΘΙΑ
Συγγραφέας: Νανά Μαρμαρά - Δαγιόγλου
Εικονογράφηση: Δέσποινα Καραπάνου
D.T.P.: Σύγχρονοι Ορίζοντες
Ηλεκτρονική σελιδοποίηση: Δήμητρα Δούμπλα
Σύνθεση εξωφύλλου: Γρηγόρης Τρύφου
Γραφιστική επιμέλεια: Βαγγέλης Καρανίκας
Εκτύπωση: Χ. & Σ. Ζαχαρόπουλος - Δ. Σιταράς Ο.Ε.
Βιβλιοδεσία: Ι. Μάντης & Υιοί Ε.Ε. - Βιβλιοδετική Αττικής

1η Έκδοση, Ιούνιος 2002 - 2η Έκδοση, Μάιος 2003
ISBN 960-398-015-3

ΣΥΓΧΡΟΝΟΙ ΟΡΙΖΟΝΤΕΣ
ΕΚΔΟΣΕΙΣ

Αθήνα: Κεραμεικού 93-95, Τ.Κ. 104 35, Τηλ.: 2103460224,
Fax: 2103460183, e-mail: sa_orizontes@hellasnet.gr
Θεσσαλονίκη: Μοναστηρίου 139 & Χαλκίδος 3, Τ.Κ. 546 27,
Τηλ.: 2310543828, 2310501824 - Fax: 2310501824,
e-mail: s_orizontes@hellasnet.gr

Νανά Μαρμαρά - Δαγιόγλου

Νατάλια Λασκαρίδη

Το σκυλάκι που έχασε τις βούλες του

Εικονογράφηση: Δέσποινα Καραπάνου

ΣΥΓΧΡΟΝΟΙ ΟΡΙΖΟΝΤΕΣ

Ένα γλυκό ανοιξιάτικο πρωινό, η Άρτεμη, η πανέμορφη σκυλίτσα Δαλματίας, έφερε στον κόσμο τον Όμηρο και τα πέντε αδερφάκια του. Ξαπλωμένη στο ροζ καλάθι καμάρωνε τα χαριτωμένα μικρά.

Δίπλα της η Στέλλα, ενθουσιασμένη, δε χόρταινε να βλέπει την αγαπημένη της φίλη και την υπέροχη παρέα της.

Η Στέλλα είχε μεγαλώσει μαζί με την Άρτεμη και της είχε μεγάλη αδυναμία. Έγιναν αχώριστες φίλες από τότε που οι γονείς της την περιμάζεψαν από το δρόμο.

Μόλις σχολούσε έτρεχε αμέσως στο σπίτι και περνούσε ώρες ατελείωτες παίζοντας με τα κουτάβια. Τ' αγαπούσε όλα πάρα πολύ και όσο εκείνα μεγάλωναν στεναχωριόταν, αφού ήξερε ότι σε λίγο καιρό θα τα έδιναν στις ανάδοχες οικογένειες, μια και θα κρατούσαν μόνο ένα. Είναι όλα τους τόσο γλυκούλια, σκεφτόταν προβληματισμένη καθώς δεν ήξερε ποιο απ' όλα να διαλέξει για να κρατήσει κοντά της.

Οι μέρες περνούσαν, τα κουτάβια μεγάλωναν και ήταν όλα τους πανέμορφα μα την παράσταση την έκλεβε πάντα ο Όμηρος. Ένα μικροσκοπικό κάτασπρο πλασματάκι με τις μαύρες βουλίτσες του μόλις να σχηματίζονται.

Ήταν πολύ παιχνιδιάρης, ζωηρός και τόσο μα τόσο γλυκός. Τελικά ήταν αυτός που έμεινε στην οικογένεια.

Ο καιρός κύλησε γρήγορα και ο Όμηρος μεγάλωσε, έμοιαζε πια με ζωγραφιά.

Όταν η Στέλλα τον έβγαζε περίπατο, ήταν τόσο δημοφιλής στη γειτονιά που όλοι σταματούσαν για να τον θαυμάσουν. Γι' αυτό το λόγο τού είχαν περάσει στο λαιμό, μαζί με το βελούδινο μπλε λουράκι, και μια μεγάλη γαλάζια χάντρα για να μην τον ματιάζουν.

«Ααα!» φώναζαν τα παιδιά ξετρελαμένα, «ένα σκυλάκι Δαλματίας», και έτρεχαν με λαχτάρα για να τον χαϊδέψουν.

Ο Όμηρος, βλέποντας όλες αυτές τις εκδηλώσεις θαυμασμού, ένιωθε πολύ ευτυχισμένος και ήταν φιλικός με τα παιδιά, όμως αυτό δεν κράτησε για πολύ. Άρχισε να εκνευρίζεται και να ενοχλείται που δεν τον άφηναν στην ησυχία του. Άλλωστε ήξερε πως είναι όμορφος, δε χρειαζόταν επιβεβαίωση.

Έτσι λοιπόν ένα πρωινό, όταν κατάλαβε ότι η Στέλλα θα τον έβγαζε για την καθημερινή του βόλτα, έκανε τον άρρωστο. Ήταν δικαίωμά του να μη θέλει να τον πασπατεύουν χωρίς λόγο.

«Έλα, Όμηρε, φεύγουμε», τον παρακίνησε η Στέλλα. «Οι φίλοι σου στο πάρκο θα σε περιμένουν».

Εκείνος την ακολούθησε άκεφα και όταν στο δρόμο ένα κοριτσάκι θέλησε να τον πλησιάσει άρχισε να γαβγίζει αγριεμένος.

Η Στέλλα απόρησε, τον πήρε στην αγκαλιά της κι έφυγε βιαστικά, ντροπιασμένη.

Όταν έφτασε στο πάρκο η φίλη του η Φιφή, μια πανέμορφη σκυλίτσα, του ζήτησε να παίξουν.

«Δεν μπορώ», είπε ο Όμηρος κοιτάζοντάς την υπεροπτικά, «μπορεί να λερωθώ κατά λάθος και να φαίνομαι χάλια. Κι έπειτα αποφάσισα να μην παίζω πια με σκυλιά που δεν είναι καλής ράτσας». Η Φιφή τον κοίταξε παραξενεμένη κι έτρεξε στην υπόλοιπη σκυλοπαρέα του πάρκου.

«Τι έπαθε αυτός τον τελευταίο καιρό;» ρώτησε ο Τζίμης ο αδέσποτος.

«Δεν ξέρω, αλλά φέρεται πολύ περίεργα», είπε προβληματισμένη η Φιφή.

«Θα σας λύσω εγώ την απορία», μπήκε στη μέση η Ρίτα, το κανίς. «Όλοι τού λέγανε πόσο ωραίος, πόσο θαυμάσιος είναι, ώσπου στο τέλος το πίστεψε».

«Δεν έχεις άδικο», συμπλήρωσε ο Ρίκος το λυκόσκυλο.

«Πφφ!» έκανε ο Όμηρος μόλις τους είδε συγκεντρωμένους να σιγομουρμουρίζουν. «Λαϊκές συγκεντρώσεις. Ένας αριστοκράτης σαν κι εμένα δεν έχει καμία δουλειά μαζί τους».

Κάθισε λοιπόν σε μια γωνιά του πάρκου και παρακολουθούσε τους άλλους που έπαιζαν.

Ύστερα από λίγη ώρα ένιωθε τα βλέφαρά του όλο και πιο βαριά, έτοιμα να κλείσουν, και δε δίστασε να πάρει έναν υπνάκο δίπλα στην αγαπημένη του Στέλλα. Και τότε συνέβη το κακό. Η βούλα που είχε μπροστά στο στήθος του ξεκόλλησε κι έπεσε. Με το στόμα ανοιχτό παρακολουθούσε όλες τις βούλες του, τη μία μετά την άλλη, να ξεκολλούν σιγά σιγά και να πέφτουν.

Δεν άργησε να μεταμορφωθεί σ' έναν κοινό άσπρο σκύλο.

«Στέλλα!!!» ούρλιαξε απελπισμένος, προσπαθώντας να μαζέψει τις βούλες που του είχαν πέσει κάτω.

«Όμηρε, τι έπαθες;» ρώτησε η Στέλλα τρομαγμένη.

«Δεν ξέρω!» απάντησε εκείνος πανικόβλητος. «Γρήγορα να φύγουμε πριν με δει κανείς έτσι».

Η Στέλλα μάζεψε γρήγορα τις βούλες και παίρνοντας τον καημένο τον Όμηρο έφυγαν βιαστικά.

«Μη στεναχωριέσαι, Ομηράκο μου», του είπε τρυφερά, «τώρα αμέσως θα πάμε να πάρουμε κόλλα και θα τις κολλήσουμε όλες».

«Και θα φαίνομαι όπως παλιά;» ρώτησε εκείνος παραπονεμένα.

«Και βέβαια, γλυκέ μου, κάνε λίγη υπομονή και θα δεις».

Πραγματικά, αφού αγόρασαν μια δυνατή κόλλα, τις κόλλησαν όλες μία μία.

«Τώρα αισθάνομαι κάπως καλύτερα», είπε ο Όμηρος. «Πήρα μια τρομάρα... Λες να μείνω έτσι χωρίς βούλες;» αναρωτήθηκε ανήσυχος.

«Δε νομίζω», τον καθησύχασε η Στέλλα. «Εγώ πιστεύω ότι σε λίγες μέρες θα βγουν καινούριες».

Τις επόμενες μέρες μάταια ο Όμηρος περίμενε να βγουν οι βούλες του. Είχε πέσει σε βαθιά μελαγχολία και δεν ήθελε με κανέναν τρόπο να βγει έξω από το σπίτι να ξεσκάσει.

Εκείνο το απόγευμα, βγαίνοντας για λίγο στον κήπο, δε φανταζόταν αυτό που θα του συνέβαινε.

Προχωρούσε κανονικά ανάμεσα στα παρτέρια με τα λουλούδια, όταν ένας πολύ δυνατός άνεμος φύσηξε ξαφνικά. Προσπάθησε να καλυφτεί, αλλά στη στιγμή όλες οι κολλημένες βούλες του ξεκόλλησαν και στροβιλίζονταν σαν κομφετί στον αέρα, πάνω απ' το κεφάλι του.

Και σαν να μην έφτανε αυτό, δυνατά γέλια ακούστηκαν από το δρόμο. Όλη η σκυλοπαρέα είχε στηθεί στο απέναντι πεζοδρόμιο και τον παρακολουθούσε.

«Για δέστε φάτσα», είπε ο Τζίμης λιγωμένος από τα γέλια. «Δε μου φαίνεται και πολύ αριστοκράτης τώρα».

«Σαν κάτι άλλο να θυμίζει, έχεις δίκιο», έκανε η Φιφή ειρωνικά. «Πιστεύω πως δύσκολα θα μπορούσες να τον ξεχωρίσεις από ένα μικρό άσπρο πρόβατο».

«Καλέ τι πρόβατο», χαχάνισε η Ρίτα το κανίς, «εγώ απ' ό,τι βλέπω είναι ένα κοινό κοπρόσκυλο. Ακόμη και ο Τζίμης μπροστά του μοιάζει βαρόνος. Προτείνω να μην του ξαναμιλήσουμε ποτέ».

Ο Όμηρος δεν πίστευε στ' αυτιά του. Οι φίλοι του δεν τον αγαπούσαν πια.

«Μα ελάτε, βρε παιδιά», τους παρακάλεσε, «εγώ είμαι, ο φίλος σας, με βούλες ή χωρίς βούλες είμαι πάντα ο ίδιος».

Μάταια όμως. Τα γέλια και οι κοροϊδίες όσο πήγαιναν και δυνάμωναν.

«Όχι, όχι, δεν μπορεί να συμβαίνουν όλα αυτά σε μένα», φώναξε και άρχισε να κλαίει απελπισμένος.

Δ.Κ.

«Όμηρε, Όμηρε!» ακούστηκε η φωνή της Στέλλας, «ξύπνα, μικρέ μου, ακούγεσαι σε όλο το πάρκο, βλέπεις εφιάλτη».

Ο Όμηρος πετάχτηκε αλαφιασμένος, μην μπορώντας να συνέλθει.

«Πο, πο! τι άσχημο όνειρο ήταν αυτό! Ευτυχώς, τίποτε δεν έχει αλλάξει», είπε κοιτάζοντας τον εαυτό του. Τότε τον πήρε το παράπονο και δάκρυσε. Κατάλαβε το σοβαρό λάθος που είχε κάνει. «Πρέπει να επανορθώσω», ψιθύρισε. «Ήταν πολύ άδικο αυτό που έκανα στους φίλους μου. Είναι τόσο όμορφο να έχεις φίλους που σ' αγαπάνε, κι εγώ τον τελευταίο καιρό είχα ξεχάσει πόσο σημαντικό είναι αυτό».

Απέναντι, όπως πάντα, η σκυλοπαρέα έπαιζε ανέμελη. Ο Όμηρος έτρεξε προς το μέρος τους γαβγίζοντας χαρούμενα.

«Βρε, βρε, κοιτάξτε ποιος μας θυμήθηκε!» είπε ο Τζίμης.

«Μη μας πεις ότι θα μας κάνεις την τιμή να έρθεις στην παρέα μας», ειρωνεύτηκε η Φιφή.

«Έχετε δίκιο», παραδέχτηκε ο Όμηρος με κατεβασμένο το κεφάλι, «αλλά θα μπορούσατε να μου δώσετε μια ευκαιρία ακόμη για να σας αποδείξω ότι κατάλαβα το λάθος μου».

Για λίγο δε μίλησε κανείς τους.

«Εσείς τι λέτε, να τον δεχτούμε πάλι στην παρέα;» ρώτησε ο Τζίμης κοιτάζοντας τους άλλους.

«Δεν ξέρω, εγώ θα έλεγα να κάνουμε πρώτα ένα συμβούλιο», πρότεινε η Ρίτα. Βλέποντας όμως την απόγνωση στα μάτια του φίλου της βιάστηκε να επανορθώσει. «Έλα, βρε Όμηρε, αστειευόμουν, συγχώρεσέ με. Είμαι σίγουρη ότι ξέρεις πόσο μας έλειψε η παρέα σου. Έτσι δεν είναι, παιδιά;»

«Ναίαιαι!» συμφώνησαν όλοι γαβγίζοντας χαρούμενα και ξεκίνησαν ένα καινούριο παιχνίδι. Ο Όμηρος τους ακολούθησε χαρούμενος. Οι φωνές τους αντηχούσαν σ' όλο το πάρκο μέχρι αργά το βράδυ.

Επιτέλους, ύστερα από την περιπέτειά του, ο μικρός μας Όμηρος ξαναβρήκε τους φίλους του και μαζί τους έφερε ξανά τη ζεστασιά και το χαμόγελο στη ζωή του.

Η Νανά Μαρμαρά-Δαγιόγλου γεννήθηκε και μεγάλωσε στη Θεσσαλονίκη, όπου ζει με την οικογένειά της. Σπούδασε Μικροβιολογία. Έχει εκδώσει τα βιβλια για παιδιά: *Ιστορίες με ουρά*, 1998, *Το όνειρο των Χριστουγέννων*, 2000.

Η Δέσποινα Καραπάνου γεννήθηκε στην Αθήνα το 1976. Έκανε σχέδιο και ζωγραφική στο εργαστήριο του Γιώργου Πανουτσόπουλου και σπούδασε animation στο Surrey Institute of Art & Design στην Αγγλία. Από το 1998 ασχολείται με την εικονογράφηση παιδικών βιβλίων.